The Traveling Caterpillar

Gezgin Tırtıl

Rayne Coshav

Illustrated by Patrisia Marian

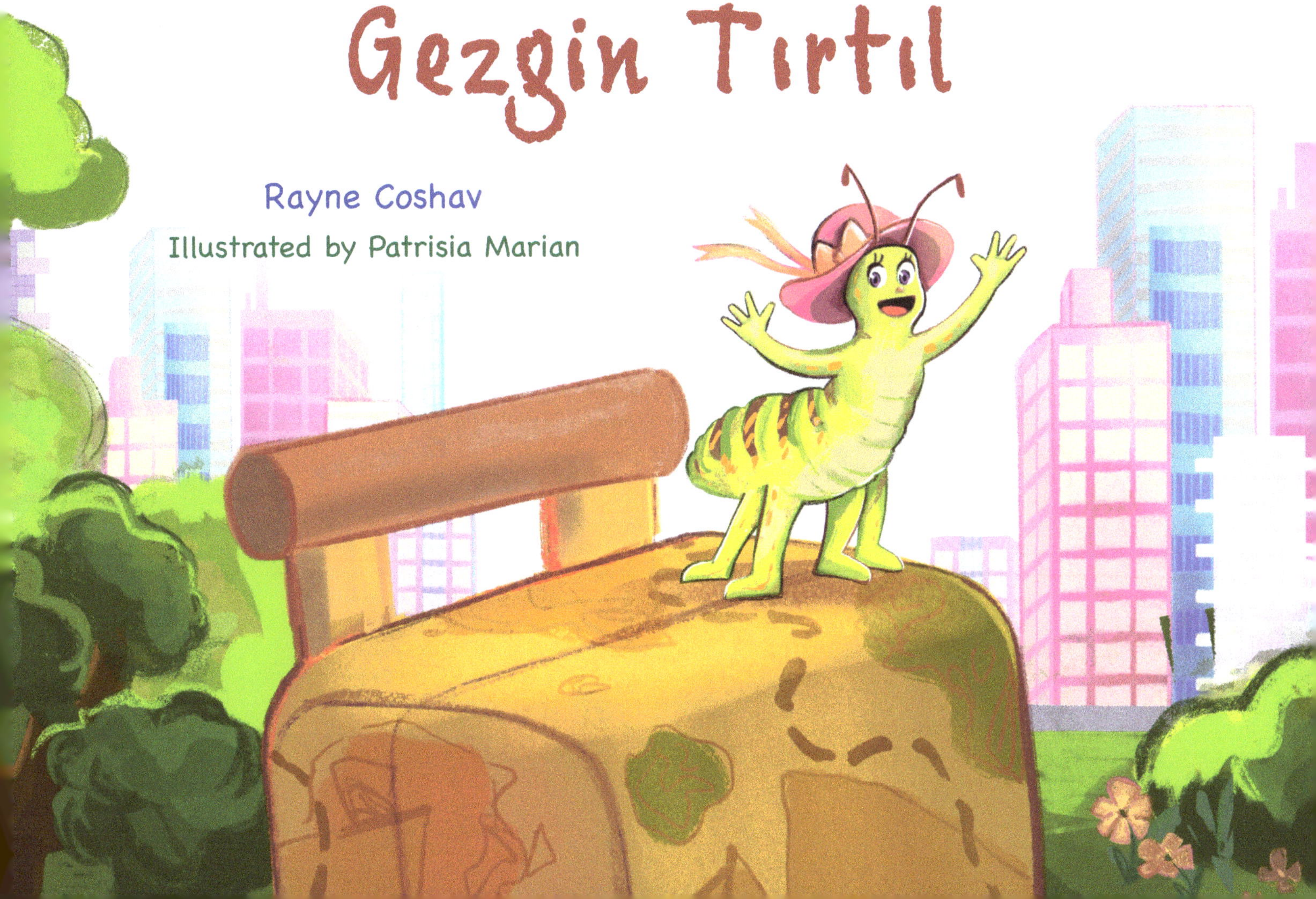

www.kidkiddos.com
Copyright ©2022 KidKiddos Books Ltd.
support@kidkiddos.com

All rights reserved. No part of this book may be reproduced in any form or by any electronic or mechanical means, including information storage and retrieval systems, without written permission from the publisher, except in the case of a reviewer, who may quote brief passages embodied in critical articles or in a review.
First edition

Translated from English by Aslı Berrin Ay
Aslı Berrin Ay tarafından İngilizce'den çevrilmiştir

Library and Archives Canada Cataloguing in Publication
The Traveling Caterpillar (English Turkish Bilingual)/Rayne Coshav
ISBN: 978-1-5259-7338-3 paperback
ISBN: 978-1-5259-7339-0 hardcover
ISBN: 978-1-5259-7337-6 eBook

Please note that the Turkish and English versions of the story have been written to be as close as possible. However, in some cases they differ in order to accommodate nuances and fluidity of each language.

One day, not too long ago, my whole life changed.

Kısa bir süre önce, bir günde tüm hayatım değişti.

I was just an ordinary caterpillar living in the forest with my family.

Ailesiyle ormanda yaşayan sıradan bir tırtıldım.

Then one morning, when I was out for a walk, I noticed something I had never seen before.

Sonra bir sabah yürüyüşe çıktığımda daha önce hiç görmediğim bir şey fark ettim.

It was a big, shiny, blue thing, with four circles at the bottom.

Altında dört tane daire olan, büyük, parlak, mavi bir şeydi.

It was so pretty that I decided to climb it. But before I even got to the top, it started moving!

O kadar güzeldi ki üzerine tırmanmaya karar verdim. Ben daha tepesine varmadan hareket etmeye başladı!

I didn't know what to do, so I just held on as tight as I could.

Ne yapacağımı bilemedim, bu yüzden elimden geldiğince sıkı tutundum.

We were going so fast, I thought I would fly off! When we finally stopped, I couldn't recognize anything around me.

O kadar hızlı gidiyorduk ki uçacağımı sandım! Sonunda durduğumuzda, etrafımdaki hiçbir şeyi tanıyamadım.

Instead of trees, rocks, and other caterpillars, I was surrounded by buildings and humans.

Ağaçlar, kayalar ve başka tırtıllar yerine, etrafım binalar ve insanlarla sarılıydı.

Would I find my way back? How far was I from home? Would my family look for me?

Dönüş yolumu bulabilecek miydim? Evimden ne kadar uzaktaydım? Ailem beni arayacak mıydı?

Suddenly something caught my eye. It was yellow, my favorite color!

Aniden gözüme bir şey takıldı. Bu, en sevdiğim renk olan sarıydı!

I thought that maybe if I climbed this one, it would take me back home. So I did.

Belki buna tırmanırsam beni evime geri götürür diye düşündüm. Öyle de yaptım!

Not long after, it stopped in front of a huge building.

Çok geçmeden büyük bir binanın önünde durdu.

AIRPORT

I hopped off and walked through some big doors. The inside was filled with people, the most I had ever seen.

Yere atladım ve birkaç büyük kapıdan geçtim. İçerisi hiç görmediğim kadar fazla insanla doluydu.

They were all yelling and running around nervously. I almost got stepped on!

Hepsi sinirli bir şekilde bağırıyor ve etrafta koşuşturuyorlardı. Neredeyse üzerime basacaklardı!

N
W
E
S

When I finally got away from the crowd, I crawled onto a box to rest.

Sonunda kalabalıktan uzaklaştığımda, dinlenmek için yavaşça bir kutunun üzerine çıktım.

"I'm getting hungry," I thought to myself. "I really hope that I'll find my way home soon. My parents must be so worried!"

Kendi kendime "Karnım acıkıyor." diye düşündüm. "Umarım bir an önce evimin yolunu bulurum. Annemle babam çok endişelenmiş olmalılar!"

Just then, a person passed and accidentally dropped a giant piece of food on the floor!

Tam o anda, bir kişi yanımdan geçti ve yanlışlıkla yere kocaman bir yiyecek parçası düşürdü!

I took a bite. It was so good! I had never eaten anything like it!

Bir ısırık aldım. Çok güzeldi! Daha önce bunun gibi bir şeyi hiç yememiştim!

It made me very full and tired, so I climbed back onto the box and fell asleep.

Karnım iyice doydu ve yorgun hissettim, bu yüzden kutuya geri tırmandım ve uyuyakaldım.

Next thing I knew, I felt a strange feeling in my stomach. I opened my eyes and saw that I was still on the box, but in a new place.

Hatırladığım sonraki şey, karnımdaki garip histi. Gözlerimi açtım ve hala kutunun üzerinde ama yeni bir yerde olduğumu gördüm.

I was beside somebody's feet, and there were a lot of people sitting on chairs.

Birinin ayaklarının yanındaydım ve sandalyelerde oturan bir sürü insan vardı.

A small human looked at me and smiled. I jumped off the box and started to explore.

Küçük bir insan bana bakıp gülümsedi. Kutudan aşağı atladım ve etrafı keşfetmeye başladım.

I began to climb a white wall, and the little human held me up to the window.

Beyaz bir duvara tırmanmaya başladım ve küçük insan beni pencereye doğru kaldırdı.

Outside was the most beautiful view I had ever seen. I was on top of the clouds!

Dışarıda, şimdiye kadar gördüğüm en güzel manzara vardı. Bulutların üzerindeydim!

I kept staring out the window until it got dark, and I couldn't see anything but the black sky.

Hava kararana kadar pencereden dışarıya bakmaya devam ettim ve siyah gökyüzü dışında bir şey göremedim.

This was a good time to take a little nap because I was tired.

Biraz kestirmek için iyi bir zamandı; çünkü yorgundum.

When I woke up, the sun was shining bright.

Uyandığımda güneş pırıl pırıl parıldıyordu.

There was a nice smell in the air, and a person was giving out boxes with food to everyone.

Havada hoş bir koku vardı ve birisi herkese, içinde yiyecek olan kutular dağıtıyordu.

The small human and I shared a meal. It was delicious! It looked a bit like the leaves I would eat at home, but tasted completely different.

Küçük insanla yemeği paylaştık. Lezzetliydi! Biraz evde yediğim yapraklara benziyordu ama tadı tamamen farklıydı.

"When I get back, I'll tell my mom to make leaves like this for dinner," I thought.

"Geri döndüğümde, anneme akşam yemeği için bunun gibi yapraklar yapmasını söyleyeceğim." diye düşündüm.

Suddenly, all the humans fastened their seatbelts and I got back onto my box.

Aniden, tüm insanlar emniyet kemerlerini bağladılar ve ben kutuma geri döndüm.

I sat down and felt us landing on the ground again. Maybe I'm back home?

Oturdum ve yeniden yere indiğimizi hissettim. Belki de eve dönmüştüm?

We got out, went through a long tunnel, and ended up outside.

Dışarı çıktık, uzun bir tünelden geçtik ve kendimizi dışarıda bulduk.

"Oh, I missed the fresh air," I thought, sitting on the back of the fastest shiny thing.

En hızlı parlak şeyin arkasında otururken, "Ah, temiz havayı özlemişim." diye düşündüm.

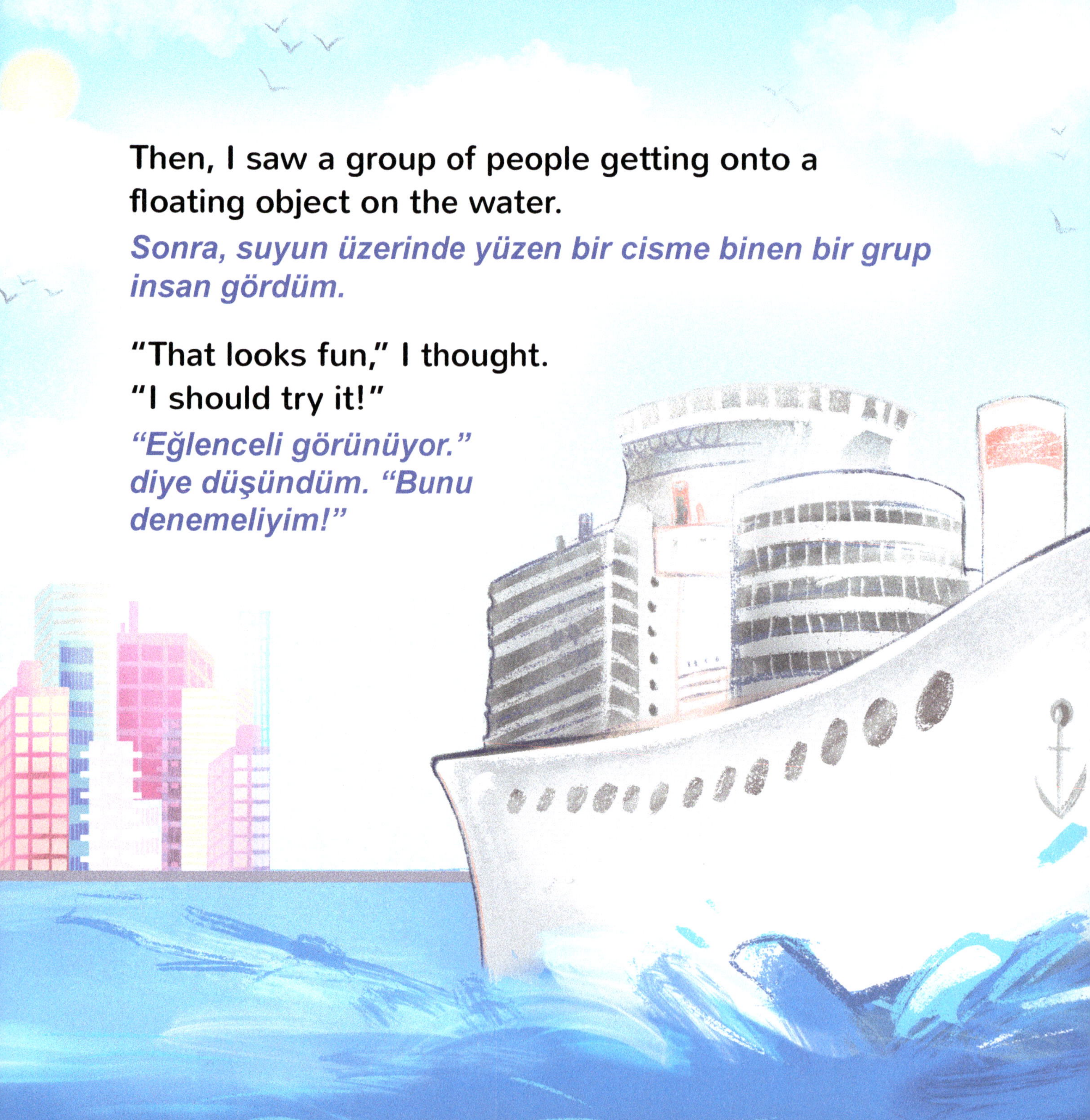

Then, I saw a group of people getting onto a floating object on the water.

Sonra, suyun üzerinde yüzen bir cisme binen bir grup insan gördüm.

"That looks fun," I thought. "I should try it!"

"Eğlenceli görünüyor." diye düşündüm. "Bunu denemeliyim!"

I got on it and we started moving.

Bindim ve hareket etmeye başladık.

The waves splashed underneath, and the city became smaller and smaller behind us.

Altımızda sular sıçratan dalgalarla, arkamızda şehir gitgide küçüldü.

The sound of the water was so calming that I fell asleep again.

Suyun sesi o kadar sakinleştiriciydi ki yeniden uyuyakaldım.

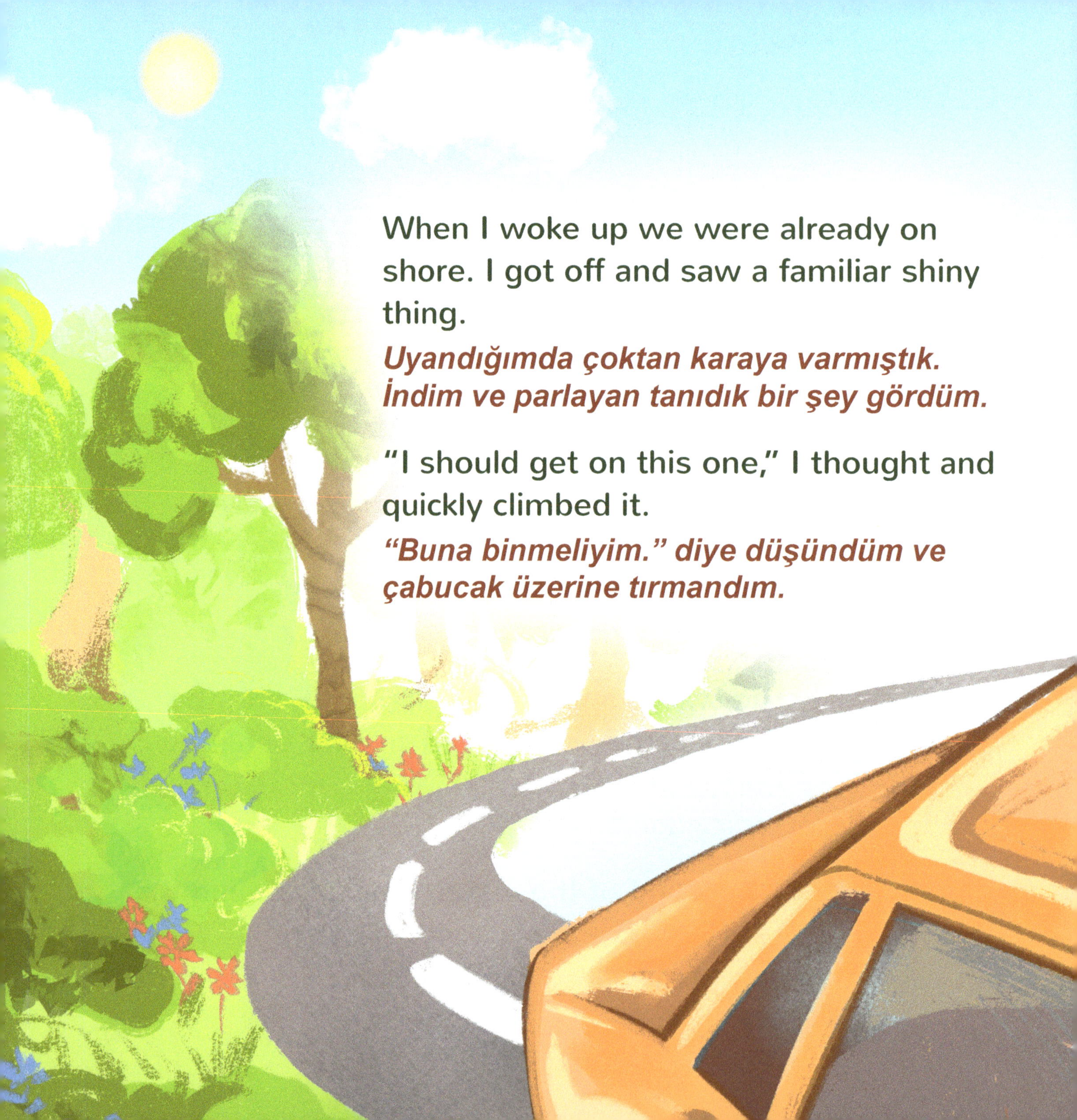

When I woke up we were already on shore. I got off and saw a familiar shiny thing.

Uyandığımda çoktan karaya varmıştık. İndim ve parlayan tanıdık bir şey gördüm.

"I should get on this one," I thought and quickly climbed it.

"Buna binmeliyim." diye düşündüm ve çabucak üzerine tırmandım.

After a long and tiring ride, I was back in the forest - my forest!

Uzun ve yorucu bir yolculuktan sonra, tekrardan ormandaydım, benim ormanımda!

I got off and saw them. There they were - my family! Right in front of me!

İndim ve onları gördüm. İşte oradaydılar, ailem! Tam da önümde!

I ran toward them and hugged my mom and dad tight. I was so happy to be back home!

Onlara doğru koştum ve annemle babama sıkıca sarıldım. Eve döndüğüm için çok mutluydum!

"This was such an exciting adventure," I thought. "I should do this again, but next time bring my family with me!"

"Çok heyecan verici bir maceraydı bu." diye düşündüm. "Bunu bir daha yapmalıyım ama gelecek sefer ailemi de götürmeliyim!"

www.ingramcontent.com/pod-product-compliance
Lightning Source LLC
LaVergne TN
LVHW071726230826
846093LV00024B/537

* 9 7 8 1 5 2 5 9 7 3 3 8 3 *